迪沃 巴爾索蒂
(Divo Barsotti）

愛的一百個想法

Cento pensieri sull' amore

序

迪沃 巴爾索蒂神父（Divo Barsotti, 1914–2006 年）是一這位偉大的意大利默觀靈修大師，是「天主兒女團體」（Community of the sons and daughters of God）的創立者，該團體目前在全球擁有二千多名會員。令人遺憾的是在亞洲世界中對他卻知之甚微。巴爾索蒂神父非常喜歡亞洲，特別是他訪問過的日本，並把《日本日記》（*Diario Giapponese*）獻給她；那是他極具創意的作品之一（日本雙月刊（Japanese Journal）——他的著作多達 150 多冊）。在他的另一部作品《光明與寂靜》（*Luce e silenzio*）中，他還談及 1985 年前往日本途經香港之旅。他對當時嘉諾撒修女們身處英國殖民地的「輝煌歷史」驚嘆不已，指這歷史有助於塑造香港這個城市的靈性。巴爾索蒂神父

在給宗座外方傳教會（PIME）的司
鐸們施教時，還提及他與廣州總教
區鄧以明總主教的會面，認為那是
「最大的恩典」。

迪沃　巴爾索蒂是一位非常著名
的傳教士。1971 年聖保錄六世曾
邀請他為羅馬教廷主持退省，巴爾
索蒂神父完全沉浸在我主基督的臨
在中。你可在他的著作領悟到人在
奔赴聖山（即天主）的途中，必需不
斷奮鬥，然而恩典卻是無限的。

你正在閱讀的是巴爾索蒂神父
的作品被翻譯為中文的第一本著
作，期望他深厚的靈修和天主教信
仰能夠滲透中國民眾的心靈中。他
使用格言技巧來書寫本書，這種寫
作風格在西方和東方已有悠久的歷
史和傳統。但願本書是介紹這位偉
人的作品和他的靈修的入門，並期

待更多他的著作能很快以中文面世，讓中國人有所裨益。

2021 年 9 月 24 日（星期六），佛羅倫斯教區的總主教 Betori 樞機在佛羅倫斯聖母領報大殿（Florentine basilica of SS. Annunziata）開展了迪沃巴爾索蒂神父的列品案。

Aurelio Porfiri

「這是一本模仿傳統屬靈寫作文學體裁的思想集。

它既非想假裝達至聖十字若望（Saint John of the Cross）的忠告和格言的純詩篇，亦非要冒充聖方濟 亞西西（Saint Francis of Assisi）的簡單和透徹。聖人的話語充滿了光芒，我笨拙的言詞是假裝不了的；但是，如果這些話語能夠照亮甚至幫助一個靈魂走向天主，我就不應該將它只留給自己。」

迪沃 巴爾索蒂神父
（Father Divo Barsotti）

I

你是醫生和倡導者
你是忠實的見證
你是死者中的首生者
你是主和牧人
你是朋友和兄弟
你是兒子和新郎
你是司祭和羔羊，你是君王
你是基督和天父的愛子

II

你是食糧和活水
你是光明和道路
你是白晝
你是真理和生命
你是救恩
你是樹和它的果實
你是聖殿和祭壇
你是新天新地
你是天父全新的創造

1

如果天主是愛，在愛以外沒有事物是真正存在的。

天主不是非人格的。

天主是愛，是聖父、聖子及聖神。

2

沒有基督，人就不懂得愛。

3

　如果罪將我們與主及與彼此分開，現在只有在基督內才能愛。

　而人只愛基督。最後，在基督內，愛天主和愛每一個人。

4

天父之子道成肉身取了我們的人性。現在我們存在於祂內多於存在於自己當中。

5

萬物——各樣受造物、每個人，都感到遙不可及、疏遠、堅不可摧。你活在這世界就像在流放一樣。除了在基督內，沒有真正的共融。在存在的終極基礎上，萬物與你成為一體，而你也與萬物成為一體。但正因如此，你不僅必須走出這個世界，還必須走出自己。

你存在，不是存在於自己當中，而是存在於基督內。

6

　　每件事物的價值在於為它帶來的愛。上主愛你。

　　你的生命的價值就是上主的愛。

7

你存在是因為你會愛，但更重要的是，因為你是被鍾愛的，而且你相信愛。

8

　　存在越久，你所得到的愛就越多：在愛內，不僅存在著愛人者，也存在被鍾愛的人。愛人者保護和捍衛鍾愛的人。

9

愛人者與被鍾愛者之間的區別，在於愛的合一的存在，並從中得到圓滿。

10

上主只愛自己。祂在我內愛自己，以聖言使我與祂身體合而為一。

11

你被天主所愛！

就像無盡的海水湧進海貝的彎彎的外殼裡。

12

　　天主之愛的恩賜是祂無窮無盡的原因。

13

　恩賜禮物需要接受者謙恭客氣，但若不想冒犯贈送者，就要隨時意識到這份禮物不可思議的巨大價值。如果你真的相信上主為你而死，那麼你相信自己是「世界的心」是否太微不足道呢？

<h1 style="text-align:center">14</h1>

祂隨意地把自己給予了我，好像我是他的終結一樣，那是因為祂愛我。

15

　　真正愛人者只生活在他所鍾愛者之中。被鍾愛者又會因他得到的愛變成了愛人者，而愛人者也因此成為了被鍾愛者：正是如此，天父活在聖子內，聖子活在天父內。同樣地，如果你與天主之子成為一體，天父就活在你內，你就活在天父內。

16

　　如果天主是愛，祂就是純粹的
臨在。

17

那臨在的只有在信仰中可見。
為你而言，祂以你相信的方式存
在。

18

在你走出自己去尋找祂的行動中，祂已經臨在。

19

愛的道路是無盡頭的，但你的
每一步都已經達到了目標。

20

你不會像愛自己一樣愛天主，但是你會以對聖子相同的愛來愛天父：除了在你所愛的祂內，你不復存在。

21

　　從某種意義上說，你的愛正是祂的臨在。因此，你的愛必須成為無限，以免侮辱天主。實際上，愛作為無休止的需求，臨在於人類當中。

愛是共融。這不是純粹的恩寵，上主無限恩賜的滿溢並使自己化成恩賜，讓你去迎接祂。從祂給你的恩賜中產生了對回應的無限需求。你得到的愛，相等於你付出的愛。

23

　　沒有人類的愛能拯救你。人怎可能將自己託付給另一受造物？即使你想把自己託付給另一個人，而對方也想接受你，但若你不認識自己並擁有自己，又怎能奉獻自己呢？天主，唯獨祂認識你，能夠在祂內永恆的接受你、拯救你。

24

除了天主，你沒有其他的終
點，不過你怎樣才能接近祂呢？

你的孤獨將與聖言成血肉者成
為一體而被征服。在祂內，並且透
過祂，你將被高舉到天父那裡。

25

　　基督藉著祂復活的大能，把聖神賜給你，使你可以藉著自己的恩寵活出祂的死亡，直到終結。

26

愛本身就是一個終結。如果你不是在天主的愛內愛你的近人，你怎可能會愛他？

　　上主在基督內的神聖性並非孤獨和有距離的，而是一種超越無限的愛，這種愛能吸取一切，甚至罪惡，並將一切提升到天父的仁光之中。

教會的歷史不會把我們從天主帶到凡人之中，除非我們再次跌倒。沒有擴張。人類的歷史，宇宙的生命，是由基督的生命和祂在十字架上死亡的舉動中得到總結而成為一體。

每個人在與祂的融洽關係中得救。上主的生命是聖父與聖子在聖神的結合之下的永恆對話，因此每個人的生命、全人類的生命，都在與基督的關係中消逝。

我存在於祂內；每個人、全人類都存在於祂內。

29

沒有人是為我而生，我也不是
為任何人而生。

在祂化成的人性中，聖子「愛
我，並為我付出了自己」。對祂來
說，我也是一種純潔而全面的愛的
關係。

只有這種愛才是可能的。

罪將人與上主分開，也將人與人分開。沒有在基督內達成的合一，怎可能對近人有愛呢？

對話不會創造合一，它是合一的前提：聖父與聖子的對話也是如此。

只有通過深入我們的內心，並只與基督合而為一，我們才有能力去愛。聖神通過聖言無條件地賜予人類。當我與基督成為一體，我就得到聖神的推動和帶領。我的本性，亦即基督的至一性，成為愛的聖神的器具。

33

　　所有生命都有其自然律；但你卻沒有你的自然律。如果你存在於基督內，你的法律就是生活在你內的聖神。

　　因此，人是不存在的，除非活在天主的無限超性中。

34

　　在基督內，人性使自己成為一
體，也使自身和所有受造物成為一
體。每個人仍是與別不同的，而在
基督的合一內，每個人依據自己對
基督的愛所許下的愛之承諾而存
在。

聖體聖事建立了教會，但是基督奧體的合一並沒有除去人們的差異。相反，這種合一是婚姻之愛的果實，它基於並實現了人與人之間的區別，這種人與人之間關係的圓滿，使每個人彼此之間更為不同。因此，正是在基督的合一中，新郎的人子與新娘的靈魂存在著區別。

如果奧體與祂鍾愛的人的關係終止，祂的合一也會終止。

　　人不能享有聖體聖事的「社會」面向：奧體的合一不能毀去人的超性。合一是與人的關係和尊重中實現。

你為什麼感到不安？為何渴求一個不知道罪惡、平庸、野心勃勃、嫉妒的教會呢？

就如上主戰勝不了我們的自私，不知道如何以它來實現祂的救贖計劃，祂就是軟弱？一個與罪人分開的教會將不能救贖世人。

救贖的恩典在罪惡面前才得以彰顯並發揮作用。

如果聖體聖事在聖子與受造物
的關係中實現了奧體的合一——即
教會，那麼人的成聖仍然是其主要
目的。

39

在厄則克耳先知關於個人責任的教導中，有真正的道德進步嗎？難道那不是因為犯罪而導致人類的崩解和逐漸衰敗的證明嗎？

每個人都為自己做出回應——這是加恩的邏輯，而非天主的邏輯。

一旦人類得到救贖，就會恢復他的團結，並進一步：人類的救贖是當大家在唯一的基督內有新的合一而實現。

40

　如果基督在他的第一個行動中化成我們共同的人性，那麼每個人在基督內都是全體人類。拒絕對一個人的愛，就是將自己排除在基督之外。

41

　　「不要論斷。」你會在論斷中分裂。相反地，你只有在認同其他人時，活出基督徒的生命。從這裡產生了普世團結的情感：沒有人是你的「他者」，沒有罪不是你的罪。

42

你的愛不應是盲目的，必須察覺到它是真實的愛。你必須了解世間的邪惡，必須認識教會的貧窮，必須清楚地看到人的道路走向何方。

這是萬物的廢墟，因為這是天主所拋棄的，是每一個真理、每一個價值的消散，是對每個生命的信仰和祈禱的破壞──這是個終點。

你必須阻止世界跌入深淵，而除了愛，你一無所有。

43

這不是誰的特權，相反，這是
每個基督徒的使命：基督的使命在
每個基督徒中繼續並臨在。沒有更
多或更少。你不能相信自己的責任
比世人少，不能相信上主對你的要
求比對所有人的拯救還要少。

44

　　如果你不拯救自己，你沒有拯救世界，但在我們每個人當中，整個宇宙都得救了。

　　因此，人的道路就是通往孤獨的道路，就像基督的道路一樣。祂是世人的救主，獨自一人被上主和人民拋棄在十字架上。

　　但這條剝離一切的道路上所有事物都需要和你變得親密，一切外在變為內在，客體變為主體——亦即至一的基督。

　　人與人之間的差別不排除合一：基督是至一者。

45

　人可以尋求孤獨使自己與他人分離，這是對愛的否定。相比之下，與萬物合一的人在孤獨中活出的，是愛的圓滿共融。

46

　　每條道路都是進入黑暗與寂靜，直至與主相遇。是祂擁有你，使你逐漸遠離受造物、其他人和你自己——祂在靜默中吸引你到祂那裡。

　　這一切不會粗暴地進行：你不會留意到這行動，但你會覺得生活越來越空虛，孤獨感越來越強烈。

47

　　基督定必會寬恕你的所有罪過。你所犯的罪與祂獨力避免你可能會犯的罪，兩者之間有分別嗎？祂在你內必會成為無限的仁慈。如果你不比其他人更謙卑，那麼你就阻礙了基督在你內成為萬有的救主。

48

　　只要每個人都存在於基督的合一中，便可以實現自我，並在基督內成為象徵聖神的鴿子，亦即是基督的新娘。

49

如果你與所有人成為一體，就
不會有你的罪過和其他人的罪過，
而是所有罪過都是你的罪過。你再
不能把自己的罪過從普世責任中區
分出來，亦必須為所有人祈求天主
的無限仁慈。

教會最終會以所有語言來溝通，還是全人類在教會內只用一種語言來溝通？

教會不會將自己分成多個小團體，而是認識到同一的人性——基督的唯一奧體。

51

正如人的差異不會損害奧體的合一，而是在愛的關係中形成其基礎一樣，它也不會損害其生命的合一，單一語言的合一。

每個人的「我」都沒有眾數，也不會與另一個人結成一體，它是相對於另一個整體的整體：聖言及在基督內的每個受造者。這是一個可以化為零的整體；然而，對於每個人而言，這都是受造的現實，當中每個人或多或少是有意識的位格。

因此，有種雙重的愛存在著：一種是肉體上的愛，人們從中得到了滋潤和適應，並且想要承擔所有受造的現實，甚至渴望擁有天主；另一種是欣喜若狂的愛，每個人受命於聖子，以及在基督內，受命於每個受造者。

每個人都實現自己作為一種愛的關係。

53

當每個人在愛裡學會認識對方深不可測的奧秘時，愛就變成了一條無止境地要去克服的道路，並將有愛的人帶到主前，因為每個人身份的根基都獨在天主當中。

因此，如果不在上主內，無人能得到其所愛的人並與對方結合。因此，與主的結合確保了人與人之間的真正共融。

如果聖子總會超越教會，基督的奧體，那麼聖言成血肉者與每個人的關係會是首要的。祂不是因為我成為教會一分子而愛我，而是祂在我內愛教會。

55

如果你與所有人成為一體，你不能為自己保留任何事物。你唯一擁有的就是愛。而且，就像你的一切都屬於每個人一樣，屬於每個人的一切也屬於你：沒有東西不屬於你。

從這裡，我們有必要了解每個人的世界：但丁（Dante）、奧斯定（Augustine）、莎士比亞（Shakespeare）、杜斯妥也夫斯基（Dostoyevsky）、柏拉圖（Plato）、每一個真正的詩人、每一個偉大的哲學家、每一個聖人。

56

　　人的救贖不能在不是終止於我的行動中完成。其他的救贖都會異化，因為那不是救贖。

　　但在我內，一切必須得到救贖。人的使命正是實現祂的普世王權，使得一切都在祂內得到救贖，沒有事物會從祂手中失去。

孩子可以拯救他們的父親嗎？
我在帕埃斯圖姆（Paestum），我想到
住在附近的巴門尼德（Parmenides），
但最重要的和經常想到的，是那些
居於我內並以生命與我溝通的人：
我想到了杜斯妥也夫斯基
（Dostoyevsky），還有歌德（Goethe）、
史特林堡（Strindberg）。他們可以在
我內得到救贖嗎？我是受召來救贖
他們嗎？如果他們在我內得不到救
贖，我又如何得到救贖呢？

我只會從我存在的愛的共融中
得到救贖。

　是的，父親在孩子裡得到救贖。所以，全人類在人子耶穌內都得到救贖。

　因此，孩子在過去有可做的行為，就像基督從一開始就背負人類道路的行程。

　待當前伴隨著光榮呈顯的工程結束，一切都完成之前，沒有事物會達成。

59

如果你的慈愛不能排除任何人，如果你必須與每個人接觸，你就不是宇宙的元素，你不是單純歷史的一部分，而是你的生命有宇宙的幅度，它與時間有相同的幅度。

　　如果希望純潔的意志分開你和罪人，如果它是拒絕被玷污，並且反對讓你與眾人成為一體的愛，那它還會是受仁愛的天父所啟發的嗎？

61

愛是人們團結的力量：人只有
在愛中，才能與萬物和自身成為一
體。

62

　如果你與所有人合一，那麼你的得救就是所有人的得救。

　但你不能拯救那些赤裸裸地拒絕愛的人。

63

罪惡分裂我們。被咀咒的人結
不成團體。地獄是虛無的孤獨。

64

　　想要你的祂，祂的愛是永恆
的。即使你拒絕了愛，你仍留在這
愛內。

65

　　沒有愛，貞潔仍能存在，但沒有貞潔，愛就不能存在。

就如知識一樣，愛是從感官中產生，但如果它在感官中結束，它就不再是愛。

67

沒有愛的人會被分離和分隔，
他又怎能拯救自己？

　　沒有比糾正自己兄弟更困難的事了，如果我們都是兄弟，這也是眾人對眾人的責任。

　　比起幫助和糾正，縱容他們的缺點甚至錯誤卻是輕而易舉。

69

擁有權力的人會是首個被誘惑的，他將權力用作提升自己的工具，而不是為真理和正義服務。看到你對跟你有矛盾的人如此苛刻，卻對暗示懷疑或冒犯真理的人（如果他是你的朋友）輕易地將之合理化或至少忍受，這真令人沮喪。

如果在愛情中，一切都已經屬於你，你怎可能還有嫉妒和羨慕的感覺？

71

　對一個可以自由探索自己內心的人總是有不方便的。人與人之間的和平總是妥協的結果，而不是正義的結果。你接納另一人，但條件是對方也接受你。

　　嫉妒分隔了你們，使你實際上
失去了他可能擁有「他者」的善。

如果你真的被愛所感動，你怎
會害怕？這不是捍衛自己，而是在
不計較自己的付出下奉獻自己。

74

有愛的人不用捍衛任何事物，
也不會害怕失去任何事物。

75

團體如何沒有在分散的情況下提升個人？人的心靈就是團體的所在。

　　對近人的愛假設了並實現了大自然的合一。相反地，對天主的愛本質上是一種關係：你不會像愛自己那樣愛祂，因為你只能在放下自己和純潔地奉獻自己中去愛祂。

77

　有愛的人不會因有相愛的伴侶而痛苦。你孤獨是為了去愛。只要你不孤單，你就不會愛。主藉著這種獨特、獨有的愛來彰顯並賜予自己。你只有在愛內才會發現祂。

　你不能看重及否定對你不重要的人：如果他們不愛祂，他們就不能認識祂。

　如果你孤單，就必須愛每一個人。你是孤獨的，而在你內，全人類及所有受造物都認識祂並愛祂。愛永遠不計算，它是眾多的承諾。它常常是個人單獨的行動——你的行動。

被鍾愛者對愛他的人來說是獨特的，他從來都不是整體的一部分。

愛人者不能跟人分享他的所愛。

上主將自己賜予我，完全地賜予我——但在我內賜予萬物，賜予所有受造物。

沒有特權。每個人都像是全人類、所有受造物的位格。

所以亞巴郎、所以梅瑟、所以厄里亞……

但只有童貞聖母才能充分實現人類的召叫。

79

　　文字是「他者」所使用的。結合需要沉默。

80

我不能接受任何人的迷失，我卻要害怕自己迷失：我不知道我能否愛。

81

晚上，他們看到了小偷在教堂堂頂上行走。他們跑去通知盧西亞諾薩爾蒂神父(Don Luciano Sarti)。盧西亞諾神父嚇了一跳，把手放在唇上，說道：「主啊，希望他們不會受傷！」

我們的貧窮，世界的痛苦，善良的人遭受屈辱和迫害……這些貧窮、痛苦和迫害，都是天主臨在的聖事。在這些屈辱當中，愛的無比力量得以呈現。天主不是在我們之外。祂的啟示和祂不可匹敵的愛是被釘十字架上的基督的臨在。

天主沒有別的啟示，祂的大能也沒有別的施展。復活仍然隱藏；但是這個秘密卻自我彰顯了，並在軟弱、貧窮和死亡裡出現。

極端的合一。那被懸掛在木上和被詛咒的是天主的唯一至聖者：如果他不與罪人成為一體，誰也不會與基督成為一體。

84

道德是不可能迴避的。

你努力逃避，使自己擺脫人類的束縛，是不會成功的：你在裡面，只是一個人，處於罪惡中的人類的一分子。

不是道德的驕傲，而是降生成人的愛的謙卑，降到了這人類的最終根源，直到你感到自己與每個人真正合而為一……這使你與基督合而為一。

85

只有降生至所有人之下的那位，才能在愛內將一切都獻給天主。

86

如果你想衡量愛，你不懂得愛。

87

愛永遠不會說：「夠了。」如果它不要求擁有你的一切，那怎會是愛呢？只有在殉道者之內，愛才是完美的。

個人圓滿和純潔的禮物就是愛，它無法得到任何回報——它本身就是一份賞報。

89

　　如果愛不要求你死亡，你怎能說你有愛？但正因如此，你只能愛天主或在天主之內去愛祂。否則，除了死亡，沒有事物能夠接收你的禮物。

90

　　當你知道怎樣完全地愛一個人
時，你就會愛每一個人。

91

婚姻是愛的學校。

因此，它是不可拆散的：學校
應持續一生。

92

　　為什麼英雄主義的美德優於偉大的才智，豐富的感覺，行動的力量？

　　不過，也許正是在英雄主義的美德中，才智、感覺和行動才能達至圓滿。人人都在愛中燃燒耗盡，英雄主義的美德不是道德美善的行使，而是愛的圓滿。人只有在愛中成為一體。

　　你在自己內在合而為一，你與萬物合而為一，與上主合而為一。

93

如果對近人的愛不是意味著達成生者與死者的真實共融，這能是天主的誡命嗎？

死亡就是在這份共融中贏得了勝利，因為它表明自己確能做到。

94

　　耶穌在人間想要被認同如其他人一樣，那祂有可能在天堂與聖人分開，讓自己得到所有愛？祂有可能嫉妒我們愛祂所鍾愛的人嗎？

95

聖人的仁愛是如何在世上施行？他們有可能忘記我們，不關心我們嗎？但是，他們好像沒出現過，無法干預我們的生活。上主可以阻止他們的愛嗎？我們必須相信他們的仁愛，但它的施行是多麼的神秘啊！我們一定感受到自己被鍾愛，即使在孤獨中也要相信那濃厚的愛的共融。

因此，麵餅和酒就是基督臨在和祂無限仁愛的恩寵標記。

除了這標記，生命的現實是甚麼？

96

　　對失落的、被拋棄在罪惡中、沒有愛的人，你對他們必須有愛，必須像母愛，一種無法被邪惡所征服的嫉妒的愛，當她看到孩子的狀況有多嚴重，越是強大，越是有活力。你不能對其拯救感到絕望。在你絕望的舉動中，愛會減少。

97

愛你的敵人就是戰勝邪惡。

　　如果你真的愛人如己，沒有人能真正成為你的敵人。有人可能想離開你，甚至想你死去，但愛令你意識到，在他的每個行為之上，你都會與他結成一體。

99

假若全人類，實際上是所有受造物，都在基督內成為一體，那麼每個基督徒將活出宇宙的生命，這是事實，不是在歷史和時間方面，不是在視覺和社會幅度方面，而是在極至而真實的幅度裡，那是看不見和秘密的，但在復活基督的臨在中卻是真實的。

100

　　只要人還在生命的旅途上，謙卑就是美德，這好比人意識到自己的天性時，純潔地綻放。人重新認識自己並得救的證據，就是在愛內完完全全的忘卻自我，因為存有就是去愛。

　　上主是絕對的謙遜，皆因祂是無限的愛。

101

謙遜本質上排斥所有對立的事物。謙遜的人將所有空間留給他人，它消除所有界限，亦消除各種影響這信念的障礙；因此，它是沒有界限的愛。

愛也是忍耐。如果你必須愛人如己，那麼你亦要學會愛惜自己。

103

　赤裸思維的行為對受造物造成傷害，使他們從個性和生命中剝離。愛的行動會認出他們並接受他們。

　　對上主的抽象認識，除了偶像崇拜還有其他嗎？對上主的真正認識就只有愛。

當你轉化為愛時，你的每個動作都會成為愛。

有自我意識的愛仍不是愛。

愛人者只知道他鍾愛的人。

107

　你向上主祈求，就足以立即感覺到自己與祂同在。難道他沒有在死亡中與你合而為一嗎？

　這個與天主之子的合一，在與天父的「默觀」中顯現，而天父在直觀的動作中使自己與你親近。在這直觀中，天主不是在精神概念上倍增，而是祂自己，純淨的聖神，使祂真正的臨在。

　直觀就是臨在：純淨的光線，無窮無盡。

　　愛使你肖似天主：在自身的恩賜下，你被剝奪了所有的財產：你不再擁有任何事物，你就是一切。

109

　　在愛中，基督的聖神活在你
內：你愛的能力越強，你「忍受」
天主的行動的能力越強。

　　有愛的人不知道如何相信愛以外的事物。對愛的需求是無止境的。

真愛不是慾望或佔有：它是純潔簡樸，一份在平安中完全獻出自己的禮物。是的，純潔的心就是愛──是活在人心中的天主充分和不可言喻的臨在之下，對全人類的無限征服。

附　錄

萬物復興

隨著歲月流逝，往昔復臨。
如果依然有愛，
死亡將不存在：現在我覺得
時間沒有力量抵銷生命。
每件事件都跟你變得密切，
你一路上遇到的每個人
已居住在你內。
你生活的世界
現在就是你的內心。
在這親密的中心裡，
有你以為失去了的東西，
如果你活出了愛，
現在，萬物將透過你而復興。

更偉大的愛

使事物變成真實的，
只有愛。
一切你不曾愛的事物，
為你能是活著而真實嗎？
如果更偉大的愛不能從死亡中
拯救你，
如果愛你的永生者沒有征服死亡，
那個在你心中的世界，
又怎會得到救贖呢？

書名：愛的一百個想法
作者：迪沃 巴爾索蒂（Divo Barsotti）
譯者：盧若晞（Lo Yeuk Hei, Rosa）
譯自：*Cento pensieri sull' amore*（義大利文）
授權：Community of the Sons and Daughters
　　　of God – Communità dei figli di Dio
出版：清泉出版社有限公司
　　　香港九龍尖沙咀柯士甸道 103 號
　　　網址：http://www.spring-books.com
　　　電子郵箱：info@spring-books.com
承印：清泉出版社有限公司
出版日期：2022 年 5 月 2 日

ISBN 978–988–75983–1–2

www.ingramcontent.com/pod-product-compliance
Lightning Source LLC
Chambersburg PA
CBHW020729160726
47993CB00006B/2403